ETRENNES

Air : *Il étoit un moine blanc,*
ou, *ah! que de champs ravagés!*
des Amours Grivois.

Quelles encor ? c'est le hic,
Ma foi, laissons au Public
Dont j'implore l'indulgence,
A dire ce qu'il en pense.

M. CC. XLVI.

AVERTISSEMENT.

Air : *du Prevôt des Marchands.*

Lecteur, d'un Almanach galant
L'Imprimeur seroit bien content,
Mais la crainte de vous déplaire,
Est la cause de mon refus,
Car sans doute il me faudroit faire
Le Catalogue des C **.

Même Air.

Cependant je ne pus jamais
Lui refuser douze couplets
Pour les douze mois de l'Année ;
J'avois trop grand besoin d'argent ;
Pour la valeur d'une guinée,
Ma foi, j'en aurois fait un cent.

✱

1746.

Il y aura cette Année trois Eclipses universelle strès-visibles :

La premiere, de bon goût chez les Auteurs.

La seconde, d'Acheteurs chez les Libraires.

La troisiéme, d'Argent chez tout le monde.

COUPLETS

Pour chaque mois de l'Année,

POUR JANVIER.

Air : *Amis, sans regretter Paris.*

SI demain, mon cher Dorimont,
Tu te mets en ménage,
Pour toi *Janus* au double front
Est d'un mauvais préface.

POUR FEVRIER.

Air : *Janneton, tout de bon, mon cœur se réveille.*

Dans ce mois l'Amour donnera
Des Fiévres, dont on guérira,
Sans recourir à *Februa* :
Fort bien : dit ma Silvie,
    Aisément
    On comprend
Cette Prophétie.

POUR MARS.

UNE BELLE.

Air : *Le bout du monde.*

Avec vous, Guerriers, que Bellone
De superbes Lauriers couronne,
J'irois, quoique de toutes parts
    Le Tonnerre gronde,
    Braver les hazards
Au bout du monde.

POUR AVRIL.

Air : *Pour passer doucement la vie.*

C'Est en ce mois que la nature
S'ouvre aux ardeurs du Dieu du jour:
Plus d'une Agnès, je vous le jure,
Ouvrira son cœur à l'amour.

POUR MAY.

Air : *Du haut en bas.*

PLantons le May,
Dit Colas, qu'on se réjouisse,
   Plantons le May ;
Sautons, Chantons : oh ! le cœur gay.
Vian, Isabeau, pour taj aunisse,
Il te faut bian de l'exarcice,
   Plantons le May.

POUR JUIN.

Air : *Nous jouissons dans nos hameaux.*

A Juin, communément dit.on,
    L'aimable Hébé préside,
Et c'est la cruelle Junon,
    A ce que dit Ovide.
Mais ces deux Déesses, je crois,
    L'ont hélas ! en partage ;
Mon Iris est née en ce mois,
    Elle est belle & sauvage.

POUR JUILLET.

Air : *Quand je tiens de ce jus d'Octobre.*

A Présent c'est la canicule,
Climéne, n'allez plus au bain ;
Pour calmer l'ardeur qui vous brûle,
Je sçais un moyen plus certain.

POUR AOUST.

UN JEUNE MARIÉ.

Air : *Turlurette.*

DE mon pré j'ai crû, d'honneur,
Cueillir la premiere fleur ;
Mais la Moisson étoit faite,
  Turlurette,
 Turlurette, matanturlurette.

POUR SEPTEMBRE.

Air : *Allons la voir à S. Cloud.*

JE sçais bien, pour le certain,
 Quand ma vigne est ravagée,
Je m'y connois, mon voisin,
 Pour peu qu'on l'ait vendangée.
Mais las ! c'est bien différent,
Sitôt qu'une femme on prend,
 Cher Lucas, jarnonbille,
Qui croit vendanger, grapille.

POUR OCTOBRE.

Air : *Le Tambour à la portière.*

AH ! que sur ce jus d'Octobre,
Jus charmant, délicieux,
Notre ménagére est sobre !
Mais j'en bois pour tous les deux :
Nous aurions souvent querelle,
Si toujours, à mon retour,
Je n'étois yvre auprès d'elle,
Bien moins de vin que d'amour.

POUR NOVEMBRE.

Air : *L'occasion fait le Larron.*

CHarmante Iris, un cruel Sagittaire,
A bien puni mes regards curieux.
Eh ! quel est-il ? C'est l'enfant de
  Cythére :
Son Zodiaque est dans vos yeux.

POUR DECEMBRE.

Air : *Attendez-moi sous l'orme.*

EN Décembre tout passe,
Il n'est plus de chaleur,
La Nature se glace,
Et tout perd sa vigueur :
De ma chére maîtresse
Ni les brillants attraits,
Ni ma vive tendresse,
Ne passeront jamais.

AMOURS

NOCTURNES.

PRÉFACE.

Air : *Ah ! Therese que l'on est aise.*

Dans la vie,
Tout est folie,
Ont dit maint & maint Auteur,
Cependant, ma foi, j'ai grand'peur,
Que l'Imprimeur bientôt ne die ;
Dans la vie,
Moins de folie :
Il ne vient point d'acheteur.

Air : *Allons la voir à S. Cloud.*

Si pourtant les jeunes gens
Achetoient ce petit livre,
Ils pourroient, à mes dépens,
Sans amour, apprendre à vivre.
Je m'estimerois heureux,
Si je devenois pour eux,
Leur montrant ma foiblesse,
Le fou qui vend la sagesse.

AMOURS NOCTURNES.

PREMIER SOIR.

Air : *Réveillez-vous.*

REveillez-vous, belle endormie,
Vous entendrez parler d'Amour :
Ah ! quel fort plus digne d'envie,
Si j'étois payé de retour !

Air : *Finis ta pourſuite obſtinée.*

Je n'ai point vû votre viſage ;
Je n'ai qu'entendu votre voix ;
Pour le tout, quel heureux préſage !
A jamais je ſubis vos loix.
Mais, Philis, un ſi doux langage....
Votre cœur le démentiroit !
Ah ! ne ſoyez point ſi ſauvage :
Et donnez-moi ce qu'il me faudroit.

Air : *Le langage des yeux.*

Le langage des yeux, adorable
    Themire,
Pour exprimer ma flamme, hélas !
    m'eſt interdit ;
Mais un cœur qui ſoupire,
Fait mieux entendre ce qu'il dit.

Air : *Cela m'est bien dur.*

Vous aimer, charmante Thémire,
C'est le seul attrait de mon cœur ;
Mais être heureux sous votre empire,
Et voir couronner mon ardeur ;
C'est un bonheur qu'envieroit l'Amour
même :
Hélas ! je vous aime
Sans espoir ; mon malheur est sûr :
Cela m'est bien dur.

DEUXIE'ME SOIR.

Air : *Charmants Rossignols, taisez-vous.*

Sommeil, viens verser tes Pavots
Sur les yeux charmants de Thémire.
Que rien dans ce séjour ne trouble son
repos :
Mon cœur craint de faire aux échos
Répéter ses soupirs, témoins de mon
martyre :
Sommeil, &c.

TROISIE'ME SOIR.

Air : *Vla c' que c'eſt qu'd'aller aux Bois.*

Malgré moi, je paſſe tout droit :
Vla ç' que c'eſt qu'un tems ſi froid.
Morbleu, j'enrage : à demain, ſoit,
  Je verrai peut-être
  Liſe à ſa fenêtre :
Mais gagnons vîte notre endroit ;
  Vla, &c.

QUATRIE'ME SOIR.

Même Air.

Hélas ! j'aime ſans aucun fruit ;
Vla ç'que c'eſt d'chanter la nuit.
Si j'euſſe été dans mon réduit,
  Jamais cette Brune,
  Au clair de la Lune,
Par ſon éclat ne m'eût ſéduit ;
  Vla &c.

Air : *La Confession.*

D. Aimeriez-vous un Amant sincère ?
　　Répondez, ma chère :

R. 　Ah ! c'est un grand point,
　　N'en doutez point,
　　　Quand on veut plaire;
　　Mais, ô Lucidor,
Il faudroit quelque chose encor.

❊

D. 　Est-ce autant d'Esprit qu'en a
　　　　VOLTAIRE ?
　　J'en ai peu, ma chére :

R. 　L'esprit est toûjours
　　D'un grand secours,
　　　Quand on veut plaire :
　　Mais, ô Lucidor,
Il faudroit quelque chose encor.

❊

D. Voulez vous un Amant téméraire ?
　　Répondez, ma chére :

R. 　Ah ! c'est un talent
　　Qu'il faut souvent
　　Avoir pour plaire :
　　Mais, ô Lucidor,

Il faudroit quelque chose encor.

❊

D. Que faut-il donc pour vous satis-
  faire ?
  Répondez, ma chére :
R. L'esprit, & le cœur,
   La belle humeur,
   Le caractére....
Réplique. Mais un tel Epoux
  N'est pas encor digne de vous.

 Air : *Choisy.*

Vous joignez à la beauté
Tant d'esprit & de bonté,
Que mon cœur est enchanté
D'être en vos fers arrêté ;
C'est une captivité
Qui vaut bien la liberté.

CINQUIE'ME SOIR.

 Air : *Quel désespoir.*

Quel désespoir !
Mon malheur est inévitable.
 Quel désespoir !
Lise m'ordonne de la voir :

Hier au soir,
Ah ! Dieux ! je suis inconsolable,
De son vouloir,
La Belle m'a fait un devoir.

Amour, fais un miracle,
Tu peux vaincre tout obstacle :
Adoucis le spectacle
D'un objet mince, laid & noir.

Que ton pouvoir
Tant célébré par maint Oracle,
Et ton sçavoir
Pour moi se fassent donc valoir.

Rend ma figure aimable,
Ou du moins supportable ;
Rend ma figure aimable,
Exauce-moi, charmant vainqueur ;

Qu'à mon ardeur
Lise devienne favorable,
Et que mon cœur
Dans le sien trouve son bonheur.

SIXIE'ME SOIR.

Air : *Vla ç'que c'est qu'd'aller aux Bois.*

Morbleu, je suis au désespoir :
Vla c'que c'est d'se faire voir ;

Si j'avois fçû me prévaloir
    De la nuit obfcure,
      Jamais ma figure
N'auroit choqué ce bel œil noir ;
    Vla &c.

❊

Tout mon plaifir eft à vau l'eau :
    Vla ç' que c'eft d'n'être point beau ;
Il n'eft, ma foi, plus de Rondeau,
      Ni de tendre plainte,
        Qui réveille Amynte ;
Tirons-lui vîte mon Chapeau ;
    Vla &c.

SEPTIE'ME SOIR.

Air : J'avois juré que l'Amour,

Je jurois hier au foir
D'oublier mon inhumaine :
Mais un feul jour fans la voir,
Ce m'eft un fiécle de peine :
Je vois bien helas ! qu'un ferment,
Lorfque l'Amour nous enchaîne ;
Je vois bien helas ! qu'un ferment
En Amour n'eft que du vent.
                B ij

Air : *Oh que nanni.*

Entendez ce que je dis,
De vous oublier quand on jure,
N'est-on pas bien-tôt parjure ?
Oh ! que si :
Mais quand on fait la promesse
De vous adorer sans cesse,
Oh ! que nanni.

HUITIE'ME SOIR.

Air : *L'occasion fait le Larron.*

Depuis long-tems, de ma Belle
 insensible
Je veux en vain ébaucher le portrait;
Je le vois bien : c'est la chose
 impossible,
L'Original est trop parfait.

Air : *Et la Belle le trouva bon.*

Mais n'importe, à l'impromptu,
Essayons pourtant la chose ;
De l'esprit, de la vertu,
Taille fine, teint de rose,
Grand front, yeux noirs, est-ce tout ?

Oh! vraiment, je n' suis pas au bout!
(bis).

Même Air.

Sourcils en arc, bien garnis,
Plus bruns encor que l'ébêne,
Nez rond, & des plus unis,
Bouche sentant la marjolaine,
Lévres de Corail, est-ce tout ?
Oh! vraiment, je n' suis pas au bout.

Ses cheveux sont justement
De même couleur qu'un Merle,
Et ses dents assûrément
Sont plus blanches qu'une Perle,
Le menton fin, est-ce tout ?
Oh! vraiment, je n' suis pas au bout.

Les Lis naissent sur son sein,
Sa gorge fait honte à l'albâtre,
Et n'eût-elle que la main,
J'en deviendrois idolâtre :
Je me tais : si j'avois vû tout,
Oh! vraiment, je n' s'rois pas au bout.

NEUVIE'ME SOIR.

Air : *Mon p'tit cœur.*

Tous les soirs je viens ici
Chanter sous votre fenêtre ;
Vous n'en prenez point d' souci,
Et quand j' vous y vois paraître,
Oh ! dam', vous n' répondez pas
A l'amour qu' vous faites naître :
Vous m' réduirez au trépas ;
      helas !
Vous n' m'aimez pas.

Air : *Avant d'épouser mon papa.*

L'Ingrate Iris, quel désespoir !
Se cache pour ne pas me voir,
      Ah ! que mon cœur s'abuse !
Il est bien vrai qu'il va pleuvoir ;
Mais quand il s'agit d'un bon soir,
      Est-ç' que ça se refuse ?

DIXIEME SOIR.

Air : *Finis ta pourſuite obſtinée.*

Oui ! diſoit un jour à Valére
La trop cruelle Amaryllis,
Quitte le déſir de me plaire,
Et n'irrite point mon mépris :
Sans graces, talens, ni fortune,
Qu'eſt-ce que ton cœur m'offriroit ?
Ton vain hommage m'importune ;
  Non, tu n'as pas ce qu'il me faudroit.

※

O Ciel ! quel plus ſenſible outrage !
Répond Valére en ſoupirant ;
Hélas ! ſi j'étois mon Ouvrage,
Non, rien ne ſeroit plus charmant ;
Mais quand bien même la Nature,
De tous ſes Dons me combleroit,
Sans votre cœur, je vous le jure,
  Je n'aurois pas ce qu'il me faudroit.

Air : *Un jour à la Victoire.*

Non, non, farouche Iſméne,
Non, non, je ne mourrai pas ;
En vain, chére inhumaine,

Vous ordonnez mon trépas;
Que votre haine poursuive
L'Amant le plus malheureux,
Le destin veut que je vive,
Pour éterniser mes feux.

Si l'aimable Philinte
Est au comble du bonheur,
Du moins souffrez ma plainte,
Et calmez votre rigueur:
Comment pouvez-vous, cruelle,
Insulter à mon ardeur?
Ah! cessez donc d'être belle,
Ne méritez plus mon cœur.

ONZIÉME SOIR.

Air: *Jamais la nuit ne fut si noire.*

Jamais la nuit ne fut si claire,
La Lune dans nos champs argente nos
 guérêts:
Sous les Arbres touffus, on voit dans
 nos Forêts,
Sur un gazon naissant, voltiger sa
 lumiére:
Mais hélas! dans ces lieux charmans,
 Amour,

Amour, Amour, est-il donc bien
 possible ?
Quand tout conspire au bonheur
 des Amans,
Eprouver à jamais (*bis.*) Célimene
 insensible,

DOUZIE'ME SOIR.

Air : *Le Tambour à la portiere.*

Ce matin la belle Hortense
Me parloit avec bonté :
 Ah ! si jamais l'apparence
Devenoit réalité :
 Mais quel désir témeraire
Mon feu me fait concevoir !
 Loin d'irriter sa colere,
Perdons plûtôt tout espoir.

Air : *En mystico.*

Encore si quelque parure,
En mistico, en dardillon, en dar, en
 dar, dar, dar,
Chez moy réparoit la Nature,
Et que je fusse né mistifi coté
 renté.

C

Air : *Le Tambour à la portiere.*

Mon amour fait ma fortune,
Et fans lui je n'aurois rien,
Mais à cette riche brune
Valére donne du bien :
Entre nous, Dieu de Cythere,
Fais un accommodement ;
Que fon bien foit pour Valere,
Et fon cœur pour Clidamant.

Air : *En miftico.*

Ma foy, le cœur eft un partage
En miftico, en dardillon, en dar,
 en dar, dar, dar,
Le vôtre eft le feul avantage
 Dont le mien fut toûjours miftificoté
 tenté.

TREIZIE'ME SOIR.
IMPROMPTU.

Air : *Fille qui voyage en France.*

Iris, par tout on allume
Pour les Anglois consternez ;
Les rebelles à la coûtume
Seront, ma foi, condamnez :
   Crainte de l'être,
Paroissez, illuminez
   Votre fenêtre.

On ne parut point, & une demie heure après je chantai les Couplets suivans.

Air : *Quel désespoir !*

Quel désespoir !
Ah ! que mon sort est déplorable !
   Quel désespoir !
Grands Dieux ; ai-je pû le prévoir ?
   En quoy, ce soir
Me serois-je rendu coupable ?
   Quel désespoir !
Du moins faites-le-moi savoir.
   Hélas ! chére Félime,

Si vous aimer est un crime,
   Mon cœur est la victime,
Vous avez sur lui tout pouvoir;
   Votre vouloir
Rend mon châtiment légitime;
   Le recevoir,
Sans murmurer, c'est mon devoir;
   Mais daignez donc me dire,
   Belle, avant que j'expire,
   Mais daignez donc me dire
Le sujet de votre courroux :
   Ah ! qu'il m'est doux
Que mon amour seul vous l'inspire !
   A vos genoux,
Oüi, je meurs content sous vos coups.

Air : *Non je ne ferai pas.*

Calmez, belle Philis, Calmez votre colere;
Si c'est un crime hélas ! d'aspirer à vous plaire,
Et que vous punissiez tous ceux qui l'oseront,
Il vous faudra punir tous ceux qui vous verront.

XIVᵉ ET DERNIER SOIR.

Air : *C'est ma devise.*

Depuis que mon cœur à l'Amour
  Rendit les armes,
De ma Belle j'ai chaque jour
  Chanté les charmes;
Mais tous mes soins touchent fort peu
  L'injuste Lise :
Bruler en vain du plus beau feu,
  Triste devise.

✻

Ah ! si je devenois d'abord
  Le riche Alcandre,
Mon ingrate à l'éclat de l'Or
  pourroit se rendre ;
Mais pour colorer son rebut,
  Que me dit Lise ?
Un cœur pour douaire, & préciput,
  Maigre devise.

✻

Il est bien vrai que dans ce tems
  L'Himen préfére
Le bien aux tendres sentimens

D'un cœur sincère :
Mais répondez, riches Epoux,
Avec franchise,
L'Or, non l'Amour, regne chez vous,
Triste devise.

❋

Je sçais qu'avec sincerité
Le jeune Alcandre
Vous a mille fois protesté
Un amour tendre;
J'ay beau croire de vos attraits
Son ame éprise;
Aimer, comme on n'aima jamais,
C'est ma devise.

On ne parut pas.

Air : *Le Tambour à la portiere.*

IMPROMPTU.

Encore une chansonnette,
Pour conclure mes Amours;
Ce n'est pas que pour Lizette
Je ne brulerai toûjours;
Mais l'ennui pourroit la prendre,
Déja je m'en apperçoy,
Laissons à son cher Alcandre
A l'amuser mieux que moy.

Fin de mes Amours Nocturnes.

OBJECTION.

Air: *Menuet de la Parodie de Phaëton.*

Jupin dès le matin.

Tantôt c'est Alison,
Amynte, Suzon,
Tantôt c'est Janneton :
   Comment-donc !
Sans plus de façon,
   Peut-on, dira-t-on,
Changer ainsi le nom ?

RÉPONSE.

Censeur, si je voulais,
   Et sans excez,
Te peindre ses attraits ;
   Je te dirais
Qu'ils surpassent les traits
   Les plus parfaits
Des plus charmans objets
   Qu'on vit jamais :

Mais sans cette raison,
   Dans mon Scarron,
J'ai trouvé quelque part
   Que dans cet Art,
On rime comme on peut
Et non pas toûjours comme l'on veut.

AUTRES COUPLETS FAITS
En diférentes occasions.

Air : *Le Plongeon.*

AUtrefois avec complaisance
Céliméne écoutoit ma voix ;
Mais son mépris depuis un mois,
Me condamne au silence ;
Taisons-nous : crains, mon Apollon,
Un revers encor plus funeste,
  Ziste, zeste,
  Zon, zon, zon,
Tu n'as que trop fait le plongeon.

ESSAI DE RECONCILIATION.

Air : *Non toujours dire non.*

Quoi ! toujours me haïr !
Dites-moi donc, inhumaine ;

Ciel ! me faut-il mourir ,
　　Sans vous fléchir !
　　Votre rigueur
Se rit de ma douleur ;
　　De mon tendre cœur ,
　　Vous méprisez les feux,
　　Destin rigoureux !
Chére ingrate, céssez
　　C'est triompher assez
　　De ma peine ;
Mais, inutile effort !
J'éprouve encor
　　plus de haine ;
Dieux ! à tant de beauté
Joindre tant de cruauté !
　　Non, non ,
C'est à tort que je l'accuse ;
　　Ma faute est sans excuse ,
Je ne mérite point de pardon :
　　Non , non ,
　Ah ! trop long-tems je m'abuse ;
　　Accours
　　Trancher mes jours ,
O Mort, vien à mon secours.
La Mort est sourde à mes vœux,
Que je suis malheureux !
Hélas ! tout me refuse :
　　Toy ,
　Qui fais la Loy

Même aux Dieux,
Et nous ouvre les Cieux,
Cher Amour, vien,
Rien
Ne s'oppose à ta puissance;
Rend moi mon innocence,
Enflâme son cœur comme le mien;
Vien, vien,
Ou satisfais sa vengeance,
Tes coups
Me seront doux,
S'ils appaisent son courroux.

Air à noter.

L'aimable Amarillis hélas! fuit ce
séjour,
Les jeux, les plaisirs avec elle,
Loin de ces tristes bords s'envolent
sans retour;
Donnez moy votre cœur, cruelle,
Ou du mien avec vous emportez
tout l'amour.

Air: *Pour héritage.*

Que ma Jeannette
Est brillante d'attraits!
Grande, bien-faite,
L'air noble, le teint frais;

Yeux à charmer,
Et les lévres de rose ;
Que lui manque-t-il ? une chose :
Et quoy ? c'est d'aimer.

Air ! *V'la ç'que c'est qu'd'aller aux Bois.*

Jeannette me croit enchanteur,
Et vla ç'que c'est que d'fair'peur ; *
Si je pouvois charmer son cœur,
Quel bonheur extrême !
Mais en vain je l'aime :
Ell'ne me voit qu'avec horreur,
Et vla &c.

* *On s'évanoüit à la vûë de quelques tours de Gibeciére.*

Air : *Mon p'tit cœur.*

Non, non, je n'ai jamais û,
L'ame tant soit peu sorciére ;
En amour j'ay toujours crû
Que le vray moyen de plaire
Etoit d'avoir des appas ;
Mon p'tit cœur, si j'nen ai guére
Du moins n'vous effrayés pas ;
hélas !
N' me fuyés pas.

Air : *Pour héritage.*

Zéphire & Flore
Pour vous, belle Babet,
Ont fait éclore
Les fleurs de ce Bouquet ;
Depuis huit jours
Que j'ay pû vous connaître,
Dans mon cœur vos yeux ont fait
naître
Un essain d'amours.

Air : *Son joli petit, son petit joli corbillon.*

Dieux ! que ma Babet est charmante!
Ses beaux yeux sont le thrône de
l'Amour ;
Sa taille, son teint, tout enchante,
Chacun s'empresse à lui faire la cour.
Ah ! faut-il que j'adore en vain
Son joli petit, son petit joli, son joli
petit minois fin.

Air : *C'est là ce qui m'étonne.*

Prêt d'épouser, que le beau Licidas,
Par plus d'une innocente épreuve,
S'assure que Philis est neuve,
Cela ne me surprend pas ;

Mais qu'arrivé des bords de la Garonne,
  Un Cadédis tout en velours
  Lui fasse, par de faux discours,
  Quitter l'objet de ses amours;
  C'est-là ce qui m'étonne !

Air : *Les Pandours.*

Margot, dans notre ménage,
  J'aurons du tapage,
  Ce compérage,
    Morbleu,
  Me met la tête en feu :
R. Lucas, pourquoi donc ce blâme?
    Tu changes de Femme;
  Ne m'est-il pas permis aussi
  De changer de Mari ?

Le plongeon.

Depuis cinq ans que je soupire
Pour les yeux de la Jeune Iris,
Je n'éprouve que du mépris,
Et souffre le martire :
Mais contre ce petit démon,
Si mon cœur encor longtems peste,
    Ziste, zeste,

Zon, zon, zon,
Mon amour fera le plongeon.

Même air.

Autrefois la jeune Climéne
Bravoit l'Amour & sa rigueur,
Et croyoit que jamais son cœur
Ne porteroit de chaîne;
Mais elle a bien changé de ton,
Et depuis qu'elle voit Alceste,
Ziste, zeste,
Zon, Zon, Zon,
Sa vanité fait le plongeon.

Blaise, s'imaginant qu'Aminte
N'avoit pour luy que des douceurs
Triomphoit par ses ris mocqueurs
Des peines de Philinte :
A present que ses feux, dit-on,
Ont encore un sort plus funeste,
Ziste, Zeste,
Zon, zon, zon,
Sa belle humeur fait le plongeon.

RÉPONSE

A un Cadédis, soi disant Favori de toutes les Belles.

Air : *Il est une aimable folie.*

Vaudeville d'Esope au Parnasse.

Damis, j'aurois tort de vous croire
    Un rival jaloux,
Quand vous chantés que la Victoire
    Est toute pour vous :
C'est aller bien vîte en besogne ;
Mais prenés leçon pour leçon :
Sachés qu'un amour de Gascogne
Déplaît toûjours à la raison.

Mais répondés : en amourette,
    La figure à part :
Qui de nous auroit de Lisette
    plûtôt un regard ?

Ou Vous qui jurez de la prendre
D'un coup d'œil, comme à l'hameçon ;
Ou moi dont l'ardeur humble & tendre
N'a d'autre loy que sa raison.

Air : *Chacun à son tour.*

Lorsqu'à la charmante Thémire,
A mes dépens, tu fais la Cour,
Damis, * ménage la satire,
Crains d'être payé de retour :
Il est vray, je ne suis point Poëte ;
Mais quand on pique mon amour,
  Chacun à son tour,
  Liron lirette,
  Chacun à son tour,

* *Ses rivaux, disoit-il, rendoient à la Demoiselle des hommages qui sembloient forcez.*

Air : *L'Amour est de tout âge.*

Je parle à la Demoiselle J'avois pensé jusqu'à ce jour
Que sans se donner la torture ;
On pouvoit vous parler d'amour,
En suivant la simple Nature ;
Que le Cœur puisoit dans vos yeux
Un langage doux, vif, & tendre,

D

Un sentiment délicieux;
Que tout l'Art ne peut rendre.

Air: *Tout est Pagode de la Chine.*

Mais Damis aujourd'hui m'apprend,
Qu'on ne vous parle tendrement
Que par artifice & machine,
Son hommage vous est bien doux;
Puisque tout, sans lui, près de vous,
Seroit Pagode de la Chine.

Air: Musette de M. Blaise.

Qu'il m'est doux de n'aimer que vous!

Qu'une belle
Perd d'heureux jours!
Quand un cœur fidéle
Languit près d'elle.
Qu'une belle
Perd d'heureux jours!
Quand elle est rebelle
Aux loix des tendres amours.
A trente ans,
Adieu beauté, jeunesse,
Plus d'Amants,
Un feu secret la presse,

Le Dieu qui la blesse
Rit de sa vaine tendresse,
Alors on confesse,
Mais il n'est plus tems,
 Qu'une belle &c.
  Chére Aminte,
Pourquoi tant de contrainte ?
  Vien là-bas,
Mettre fin à ma plainte.
  En vain tu combats,
  Vien, suis mes pas,
Entre mes bras,
Ah ! livre-toi sans crainte,
  Et tu conviendras,
  Qu'une belle &c.

―――――――――――――――

Même air.

  Que de charmes,
  Dans ce séjour,
Causées par les Calment nos allarmes,
rigueurs d'une Séchent nos larmes !
ancienne   Que de charmes
Maîtresse.   Dans ce séjour !
  Oüi : rendons les armes
Aux trois sœurs du tendre Amour :
  La fraîcheur,
  Et l'éclat de l'aurore ;
   D ij

La douceur,
Et les parfums de Flore,
Ne font rien encore,
Au prix de ce que j'adore.
Quel feu me dévore !
Goûte enfin, mon cœur,

   Que de charmes, &c.

Je partage
Entr'elles mon hommage :
   Toutes trois
Ont sur notre suffrage
   D'invincibles droits ;
Que sous leurs loix,
Sans faire un choix,
Chacun de nous s'engage,
Et dise cent fois ;

   Que de charmes, &c.

RETOUR.

Air: *Amis, chantons à pleine voix.*

Ronde des Amours Grivois.

PREMIER COUPLET.

AMis, chantons à pleine voix
Le retour * de ma Jeannette,
C'est à sa santé que je bois,
Que mon ame est satisfaite !
Dieux ! que de plaisir je reçois
Du retour de ma Jeannette !

* *Nous allâmes trois au-devant d'elle.*

2.ᵉ

Absent d'elle depuis un mois,
J'avois l'humeur inquiette ;
Je n'étois plus ce bon Grivois
Parlant sans cesse amourette ;
Mais je renais, quand je revois
Mon adorable Jeannette.

3.ᵉ

Est-il de plus joli minois ?
Voit-on de taille mieux faite ?
Elle réünit sous ses loix
Et la pourpre, & la houlette,
Versailles, Pontoise, & Sanois
Sont charmés de ma Jeannette.

4.ᵉ

Comme un Renard en tapinois
Rode autour d'une poulette ;
Combien de Courtisans matois
Guettoient toujours la finette ?
A présent ils mordent leurs doits
Des rigueurs de ma Jeannette.

5.ᵉ

Ces bons gros & gras Villageois,
Tout à la bonne franquette,
Croyoient qu'elle feroit un choix,
Et se rendroit Bergerette ;
Mais ils gémissent dans leurs Bois
Du départ de ma Jeannette.

6.°

On ne voit dans tous les endroits,
Où paroît cette Follette,
Que Ris & Jeux, Cadeaux, Tournois,
Festins, Danse, Escarpolette.
Mais on devient triste & fournois,
Sitôt qu'on perd ma Jeannette.

7.°

L'heureux moment ! je l'apperçois
Plus fraîche encor, plus graffette ;
Et sous ses pas naissent, je crois,
Le thym & la violette :
Elle est digne des plus grands Roys,
Mon adorable Jeannette.

8.°

Amis, unissons nous tous trois ;
  Encore une chansonnette :
Clitandre prendra son hautbois,
  Et Céladon sa Musette :
Moy, je répéteray cent fois
Le beau nom de ma Jeannette.

Valére à l'Amour.

9.ᵉ & dernier.

Amour, je reconnois tes droits,
 Et confesse ma défaite;
Mais que de plus nobles exploits
 Rendent ta gloire complette:
Hélas ! épuise ton carquois
 Sur le cœur de ma Jeannette.

―――――――――

Air : *Pour héritage.*

Papa caresse
Maman à tout moment ;
Maman sans cesse
Nous prêche le couvent :
Ma grande sœur
Veut bien la satisfaire,
Pourvû que son amy Valére
En soit directeur.

◦✕◦

Un jour Lisette,
Au fond d'un verd Bosquet,
Cueilloit seulette
Pour Colin un Bouquet,
Il arriva,
Et voulut le lui prendre ;
      Oh !

Oh ! non : dit-elle, d'un air tendre;
Mais tien : le voilà.

❧

Dans ce Village
Que les Bergers sont foux !
Dit un vieux sage
De nos plaisirs jaloux,
Que faisons-nous ?
Nous aimons, on nous aime :
Mais pour lui ce n'est plus de même ;
Voilà son courroux.

❧

Un jour Jannette
Disoit à ses Amants,
Point de fleurette,
Tréve de compliments ;
Soins superflus,
Lui répondit Silvandre,
Si vous n'en voulez plus entendre,
N'en méritès plus.

VAUDEVILLE.

Air à Noter.

Premier couplet.

PRès de votre Maîtresse,
　La tendre yvresse
Est-elle unie à la richesse,
Vous ferés bien-tôt dire à son cœur ébloüi,
　　Ouï :
　Si la dépense cesse,
　D'abord elle répond,
　　Non.

2.

A la Cour je m'adresse
　Dans ma détresse,
　Mainte magnifique promesse
Fait d'abord esperer à mon cœur ébloüi,
　　Ouï,
　Le tems venu, je presse,
　Bientôt on me répond,
　　Non.

.3.

A la vieille Lucréce
Damon s'empresse
De marquer beaucoup de tendresse;
Il dit pour les gros biens, dont il est
éblouï,
Oui:
Mais sa langue est traitresse;
Son cœur tout bas répond,
Non.

4. & dernier.

De l'aveugle Déesse,
Dans ta jeunesse,
Mon fils, brigue quelque largesse;
Elle peut dire alors à ton cœur réjouï,
Oüi:
Est-on dans la vieillesse,
Toujours elle répond,
Non.

AUTRE

Air à Noter.

1.

Que dans le tems de la jeuneſſe,
Pour s'attirer des ſoupirants,
De mouches, pompons & rubans
Iris ſe pare avec adreſſe,
    Elle a raiſon,
    C'eſt la ſaiſon :
Mais après que ſur ſon viſage
Les rides ont gravé ſes ans,
Que, pour conſerver ſes galants,
Elle mette tout en uſage ;
    C'eſt un abus,
    Le tems paſſé n'eſt plus.

2.

Tandis qu'une Actrice jolie
Reçoit chez elle force Amans,
Qu'elle s'aſſûre, à leurs dépens,
De quoy mener paiſible vie,
    Elle a raiſon,
    C'eſt la ſaiſon :
Mais dès que leur humeur volage

Leur promet des plaisirs nouveaux,
Qu'elle courre après les Moineaux,
Pour les faire rentrer en cage;
  C'est un abus ;
  Le tems passé n'est plus.

3.

Qu'un époux avec son épouse,
Dans l'ardeur de leurs feux naissants,
Goûtent mille plaisirs charmants,
Sans trouble de fureur jalouse ;
  Ils ont raison,
  C'est la saison :
Mais après que de l'hymenée
Ils ont ressenti les dégouts,
Qu'ils soient aussi tendres époux
Que dans la premiere journée;
  C'est un abus,
  Le tems passé n'est plus.

4. & dernier.

Que, pour acquérir de la gloire,
Un Jeune, & vigoureux Héros
Ne goute jamais de repos,
Que dans les bras de la victoire;
  Il a raison,
  C'est la saison :
Mais qu'il ne soit infatigable,

Mars lui jouera d'un mauvais tour ;
Et qu'il attende le retour
De l'occasion favorable ;
C'est un abus,
Le tems passé n'est plus.

AUTRE.

Air : *Le pari.*

On dit que sur une vétille
La femme sans cesse babille,
Qu'elle a l'esprit fort indiscret ;
Je sçais pourtant que Doriméne
Voit Damon trois fois la semaine,
Et qu'elle en garde le secret.

De Vulcain portés-vous les armes,
Maris, pourquoi tous ces vacarmes ?
Si c'est un mal, n'est-il pas fait ?
Loin de vous ces fureurs jalouses ;
Imités plûtôt vos Epouses,
Comme elles, gardez le secret.

*

L'autre jour la jeune Finette
M'apperçut avec Colinette

Folâtrer dans un verd bosquet ;
Elle m'appelle, & puis s'échappe,
Moy, je me léve & la ratrappe,
Et lui fis garder le secret.

Orgon, soufleur infatigable,
Fait un vacarme épouvantable,
Lorsque l'on touche à son creuset;
Mais je n'y vois rien qui me tente,
Et de mourir sans fond, ni rente,
Qu'il garde pour lui le secret.

*

Au Public.

Messieurs, je suis encor Novice;
Mais que certain geste propice
Me mette à l'abri du Sifflet :
Vous plaire est mon unique envie;
Et le seul bonheur de ma vie
Seroit d'en trouver le secret.

SUPPLEMENT
au Vaudeville du Badinage.

LEs Belles d'un Créfus
Briguent toutes l'hommage,
Mais s'il ne reste plus
Que le cœur en partage,
De ce Sexe volage
Est-on toujours chéri ?
   Nenni :
C'est fait du badinage. *(bis.)*

Rien n'est chez les Amants
Que d'un heureux préfage,
Ardeurs, empreffemens,
Tendres foins, doux langage;
Les voit-on en ménage
S'aimer encore ainfi ?
   Nenni :
C'est fait du badinage.

Doris de fes galants
A perdu le fuffrage ;

Mais elle a quarante ans
Ecrits sur son visage:
Et peut-on à cet âge
Conserver un ami ?
  Nenni :
C'est fait du badinage.

Que je plains un Tendron,
Qu'une marâtre engage
Sous les loix d'un Barbon,
Pour un vain avantage !
S'il porte ce branchage,
Est-ce un malheur pour lui ?
  Nenni :
Ce n'est qu'un badinage.

A quinze, à soixante ans,
Fuyons tout esclavage,
L'Hymen fut de tout tems
Frere du C.......
Un tendre P....
Est-il pour un Mary?
  Nenni :
C'est pour le badinage.

Si mon goûteux descend
Sur le sombre rivage,
Je me vois sans enfant,
Et perds tout l'héritage,
Sur mon futur veuvage
Serai-je sans souci ?
  Nenni :
Tentons le badinage.

Changement de séjour,
Différence d'usage,
On ne connoit l'Amour,
Et ses feux au Village,
Que pour le mariage,
Est-ce de même ici ?
  Nenni :
C'est pour le badinage.

Dès la pointe du jour
Lucas court à l'Ouvrage,
Il trouve à son retour
De l'eau pour tout breuvage,
Croit-il que je ménage
Pour lui ces écus-ci ?
  Nenni :
C'est pour mon badinage.

Si quelquefois Margot
A la maison fait rage,
Le moyen aussi-tôt
De calmer le tapage,
Est-ce une humeur sauvage?
Est-ce un ton radouci?
    Nenni:
C'est le seul badinage?

EPILOGUE.

Air : *Et voilà comme l'homme.*

Argent perdu, dit le Lecteur ;
Argent risqué, dit l'Imprimeur ;
Argent maudit, dit le Poëte, *
Qui le soir même en sa pochette
N'avoit pas un sol seulement :
  Et voilà comme
   L'Homme
  N'est jamais content.

Air : *De tous les Capucins du monde.*

 Mais en chantant, le Lecteur bâille,
Et je ne dis plus rien qui vaille ;
Pourquoi par un nouveau couplet
Vouloir accomplir la centaine ? **
Heureux ! si l'on est satisfait
Seulement de demi-douzaine.

 * *Pour la rime.*

 ** *Je n'en avois d'abord que cent, & je croyois en rester là.*

VAUDEVILLE
De M. P**

Vive Louis:
Sa valeur au destin commande,
VIVE LOUIS:
Ses exploits font fleurir les Lis,
Que sa gloire par-tout s'étende,
Célébrons ses faits inoüis,
Que de tous côtés on entende,
VIVE LOUIS.

❧

En arrivant,
LOUIS est sûr de la victoire;
En arrivant,
Il combat, il assiége, il prend,
Son fils au Temple de Mémoire
Ne court pas moins rapidement,
Ah! qu'ils ont moissonné de gloire,
En arrivant!

Que notre Roy
Aux Anglois s'est bien fait connaître,
Que notre Roy
A chez-eux répandu d'effroy !
Sous ses loix Tournay va renaître,
Ville heureuse, réjoüis-toy,
Tu n'eûs jamais un si bon Maître
Que notre Roy.

A Fontenoy
On a vû l'Audace enchaînée,
A Fontenoy
On la voit subir notre Loy ;
Malgré sa fureur obstinée,
L'Ennemi vaincu par mon Roy
Se souviendra de la journée
De Fontenoy.

Notre Dauphin
Ne dément point son origine,
Notre Dauphin
Des Héros suit le vrai chemin ;
Avec une jeune Héroïne,
Les Dieux ont uni son destin,
Que vous méritez bien, Dauphine,
Notre Dauphin !

Au Parterre.

En attendant
Qu'on finisse la Tragédie,
En attendant
De LOUIS l'heureux dénouement;
Messieurs, Arlequin vous convie
De venir ici fréquemment,
Prenez toûjours la Comédie,
En attendant.

Air: De tous les Capucins du monde.

L'Imprimeur a bonne espérance,
On chante en l'honneur de la France,
Tu ne peux plus, ami lecteur,
Croire cet achapt inutile :
Il en rend graces de bon cœur
A l'Auteur de ce Vaudeville.

De le nommer j'ai grande envie;
Mais de blesser sa modestie,
Ma crainte est bien plus grande encor;
Par quelqu'innocent stratagême,
Faisons que le Public d'abord
S'écrie, ah ! c'est P.*** lui-même.

Qu'il chante une jeune Bergére;
Qu'il célébre un foudre de Guerre,
Il réunit toutes les voix;
Son nom en est le sûr augure,
PAN n'est-il pas le Dieu des Bois;
ART, le Rival de la Nature ?

SUPPLEMENT

SUPPLEMENT

Sur les Exploits du Roi de Prusse.

Air : Prend, ma Philis, prend ton verre.

CHer Grégoire,
   Verse à boire,
Tu t'endors dans ce picnic ;
   Voyez l'homme
   Qui se nomme
Des bons buveurs le syndic:
A qui de nous, Camarades,
Comptera par ses razades
Les exploits de FREDERIC.

Grégoire répond.

Quel délire ;
Tu veux rire ;
Pour ce compte, ami Lubin ;
   Par ma trogne,
   La Bourgogne
Fourniroit trop peu de vin,

Sur les progrès du fils du Prétendant.

Air : *Cahin, Caha.*

EN Angleterre
GEORGE autrefois juroit
 Qu'EDOUARD échoueroit,
Si brave qu'il soit,
Qu'envain il prétendroit
Au Thrône de son Pere :
Aujourd'hui ce n'est plus cela;
 Il est sombre & triste,
 Le fier Stuartiste *
'Avance, persiste,
Et le Royaliste
 Contre lui va
  Cahin, caha :
 Contre lui va
  Cahin, caha.

* Pourquoi ne dit-on pas Jacobiste ; mais Jacobite ?

Sur la Campagne prochaine d'Italie,

AUX FRANÇOIS ET AUX ESPAGNOLS,

Air : *Partez, puisque Mars vous l'ordonne.*

PArtez, Favoris de Bellonne,
Partez pour la Gloire des Lys :
C'est de vous que PHILIPPE attend
une Couronne,
Volez ; elle est bien dûë au Gendre de
LOUIS
Partez, &c.

Sur la meilleure santé du Maréchal Comte de Saxe.

Un Grenadier.

Air : *Prend ma philis, prend ton verre.*

Que la joye
 Se déploye :
La santé du Général
 Est parfaite
 Qu'on répéte
Vive ce grand Maréchal.
A Fontenoy, dans ta chaise,
Tu vis fuir l'armée Anglaise,
COMTE, parois à cheval :
 Prend ta foudre,
 Mets en poudre
Les Ennemis de la paix ;
 La victoire
 Suit la gloire
De commander les Français.

VŒUX

De toutes les Nations belligerantes pour la paix.

Air : Nous jouissons dans nos Hameaux, ou, Est-il de plus douces odeurs ?
Du Coq du Village.

Descend des Cieux, aimable Paix,
   Regne enfin sur la terre,
Vien, vien réparer à jamais
   Les malheurs de la guerre.
Et toi, Mars, n'étend plus ton bras
   Sur nos tristes Provinces :
Epargne le sang des Soldats,
   Il est cher à nos Princes.

L'AUTEUR AU PUBLIC.

Air : *La feüille à l'envers.*

CHer Public, j'avois bien envie
De te demander un Employ :
On m'a dit que c'étoit folie,
Et que tu te rirois de moy ;
N'importe.... suivons! la methode
Des Poëtes de mauvais aloy :
Combien, pour une méchante Ode,
Demandent pension au Roy ?

Air : *Attendez-moi sous l'Orme.*

Que si par avanture
Je trouvois un Patron,
Qu'il envoye au Mercure
Sa demeure, & son nom ;
D'un compliment en forme
J'irois,,,, mais las ! je croy

Qu'*attendez-moi sous l'orme*,
Fut dit exprès pour moi.

Air : *Le Prevôt des Marchands.*

Mais comme tout faiseur de Vers
N'est regardé que de travers,
De bon cœur j'abjure la rime ;
La raison des contraires veut
Que, m'honorant de quelqu'estime,
On fasse pour moi ce qu'on peut.

www.ingramcontent.com/pod-product-compliance
Lightning Source LLC
LaVergne TN
LVHW051514090426
835512LV00010B/2526